AF460867

H. DE FERRY

DISCOURS DE RÉCEPTION

à

L'ACADÉMIE DE MACON

(Saône-et-Loire)

CHALON-SUR-SAONE

Imprimerie L. Landa, rue du Jeu-de-Paume, 12

1867

Une communication résumée de ce discours a été faite à l'Académie de Mâcon, dans sa séance du 28 Novembre 1867, *en attendant que l'élection du nouveau Président permette de le prononcer définitivement.*

DISCOURS DE RÉCEPTION

à

L'ACADÉMIE DE MACON

(Saône-et-Loire)

1867

MESSIEURS,

Les premières paroles que je dois prononcer en vous demandant la permission de prendre définitivement place au milieu de vous, doivent être des paroles de reconnaissance pour la bienveillance toute particulière avec laquelle vous avez voulu m'appeler dans vos rangs, afin de collaborer selon mes moyens, à l'œuvre si digne du concours de tous les gens de cœur, dont vous avez dès le début inscrit le programme en tête de votre drapeau : « arts, sciences, belles-lettres et agriculture, » c'est-à-dire résumé de tout ce qui en dehors de la religion proprement dite et de la politique (1), est bon, beau et utile. Depuis longtemps ce drapeau de notre armée intellectuelle locale est illustré par les noms des Lamartine et des Lacretelle, et ce n'est pas un mince honneur pour les nouveaux élus, de pouvoir abriter sous de tels patronnages garants des meilleures idées du siècle, l'ardeur dont à défaut d'autre chose, ils sont animés.

Si je ne me trompe, partout où existent des agglomérations humaines dignes de ce nom, il se fait bientôt un triage d'esprits qui tous aspirant individuellement à des horizons meilleurs, se cherchent instinctivement, finissent par se rencontrer, puis se groupent pour constituer une phalange sacrée où tous sacrifiant généreusement certains points de vue privés, n'acceptent pour mot d'ordre que celui de *pur dévouement au bien* ; mission glorieuse qui n'est pas quelquefois sans écueils, mais dont la récompense se trouve toujours dans les faits utiles accomplis, et qui pour le sage antique comme pour l'honnête homme d'aujourd'hui consiste à pouvoir dire : « j'ai rempli ma journée. »

---

(1) Cette dernière science n'est pas comme on le suppose assez généralement, quelque chose de ténébreux et de machiavélique. Platon, Aristote et Cicéron lui donnent pour base le *juste* et l'*honnête*, et sa première règle dans l'intérêt même des peuples, doit être la justice.

Nous datons de loin, Messieurs, car dans le passé comme dans le présent, grâce à cette lignée auguste, les nobles pensées malgré les tumultes de la surface, ont circulé sans interruptions, et de grandes vérités qui sont actuellement le patrimoine inaliénable de l'humanité n'ont ainsi gagné de proche en proche et d'âge en âge que par l'effort infinitésimal et combiné des maîtres et des disciples.

Mais comme différentes sont les aptitudes, différentes aussi sont les voies de chacun. Cependant tous y ont concouru ou y concourent encore : poëtes, littérateurs, artistes, philosophes ou savants, qu'ils murmurent seulement autour d'eux les paroles de Dieu, ou qu'ils les fassent retentir dans le siècle pour émanciper les nations!

« Le style c'est l'homme » a dit un illustre bourguignon, et en exigeant de ceux que vous appelez au milieu de vous un discours de réception, vous voulez par cette méthode juger un peu quels ils sont, ce qu'ils pensent, et le concours que vous êtes en droit de leur demander. C'est donc une profession de foi que vous attendez d'eux, et la profession de foi de tout homme sérieux c'est la révélation de sa pensée intime, du but qu'il recherche, en un mot de son suprême objectif.

Messieurs, pour ma part, mon idéal vous sera bientôt connu, car il s'est transformé depuis longtemps en une profonde conviction. Je crois et j'aspire de toutes mes forces au progrès, à des avenirs meilleurs. Mais comment vous expliquer ma pensée? Je ne suis qu'un obscur travailleur et mon langage est loin d'être celui d'un lettré. Plus habitué à manier mon marteau de géologue que la plume, je me ressens trop de toutes les rudesses de ma vie en plein air, pour pouvoir vous demander autre chose que beaucoup de bienveillance pour beaucoup de bonne volonté.

Je viens de vous dire que je crois formellement au progrès.

Géologue, je le vois inscrit sur chacune des assises de pierre au-dessus desquelles trône l'homme, couronnement de l'édifice.

Archéologue, c'est en présence de ce que furent nos mystérieux ancêtres, avant même les lueurs encore indécises de l'histoire, que relevant la tête avec confiance, j'affirme que le présent vaut mieux que le passé, et qu'enfin, plus que rassuré par la moisson du jour, je salue de loin les temps prospères qu'elle prépare à nos descendants.

Je sens et je sais pourtant combien un tel sujet est au-dessus de mes forces. il me faudrait avoir la science universelle pour affirmer de telles choses en toute sécurité. Mais, je vous le répète, j'ai la foi et je vous demande de m'en tenir compte. Or, cette foi est basée sur des études journalières, locales si vous le voulez. mais qui ont trop de rapport avec la généralité des faits observés jusqu'à présent, pour qu'elle ne renferment pas quelques traces de vérité. et si la providence nous a laissé la liberté d'étudier les splendeurs de ses ouvrages, ce n'est pas pour nous égarer, mais pour que nous en puissions toucher du doigt l'enchaînement logique, et qu'ayant ainsi contemplés combien laborieux a été l'enfantement de la grandeur humaine, tous nos doutes soient levés au sujet des destinées qu'elle semble réserver à nos arrière-neveux.

Pour vous en donner quelques aperçus dans la limite des moyens que je puis faire valoir, je prendrai mon sujet au cœur même du Mâconnais, et j'essaierai de vous dire ce qu'était autrefois ce pays et ses premiers habitants, ce qu'ils devinrent ensuite par les progrès de la civilisation; quels traits de ressemblance et quels liens de solidarité nous pouvons y trouver avec le reste de l'histoire du globe; puis quels sujets d'espérance il y a lieu d'en tirer pour l'avenir, en m'appuyant sur cet aphorisme célèbre que l'étude des temps purement géologiques et des créations qui nous ont précédées dictait à un illustre naturaliste (1) ; aphorisme dont la vérité éclate chaque jour davantage et qui, dieu merci, semble devoir être invoqué avec la même confiance pour les transformations et les destinées de l'humanité :

« *Le commencement d'un âge se trouvera dans le milieu de l'âge précédent, et les signes de l'avenir qui se dispose à paraître, doivent être considérés comme prophétisant cet avenir.* »

Messieurs, une des plus grandes gloires de ce siècle qui est un grand siècle, sera d'avoir par l'essor que les sciences naturelles y ont pris, ouvert à l'esprit humain de nouveaux et profonds horizons, qui à peine entrevus, s'illuminent déjà de clartés singulières bien faites pour démentir tous les reproches immérités de décadence intellectuelle qu'un tel courant avait provoqué d'abord. Je n'en veux pour preuve que le mouvement passionné qu'excite aujourd'hui une de ces nouveautés qui surgissent du sein de ces espaces récemment livrés à nos investigations ; nouveauté bien faite, il est vrai, pour nous remuer tous jusqu'au plus profond de nos aspirations à la vérité, car elle touche à la question des origines humaines, question capitale et qui n'a jamais laissé l'homme indifférent depuis qu'il pense et qu'il discute. Je veux parler de l'homme pré-historique et de son état physique et intellectuel.

(1) Dana, Manuel de Géologie.

La science actuelle n'a pas la prétention de résoudre ce vaste et compliqué problème, mais d'en éclaircir seulement certaines parties, et ses découvertes, en effet, nous dévoilent des pages jusqu'à ce jour inconnues, qui viennent bon gré mal gré réclamer leur place dans l'histoire, s'imposer forcément au penseur comme un nouveau champ de méditations, et nous montrer pièces en mains que l'âge d'or des poëtes et des traditions mythologiques n'était que le rude âge de la pierre ou l'homme à peu près désarmé, en face d'une terrible concurrence vitale, a vu les siècles s'entasser sur les siècles, les dangers, les privations et les misères de toutes sortes s'accumuler autour de lui, avant d'avoir pu poser enfin sur sa tête victorieuse, cette couronne bien gagnée de souverain de la terre qu'il gardera maintenant, j'en ai le ferme espoir, jusqu'au jour ou les éléments refuseront la durée à sa race, s'il doit disparaître avant l'écroulement de sa maison (1) !

Comme le sujet que je traite ici est des plus délicats, des plus sérieux et de ceux qui exigent avant tout la plus grande loyauté, je veux éviter soigneusement tout ce qui pourrait paraître empreint de moindre symptôme d'exagération, et ne procéder que pièces de convictions en mains. Chaque pays, du reste, fournit maintenant les siennes, et l'on peut dire heureusement à chacun : ne croyez pas sur

---

(1) Cette terre pas plus que nous n'aura une éternelle durée. Les espèces qui ont fait leur temps sont frappées de stérilité et s'éteignent... Ainsi en sera-t-il de la vie ici-bas quand l'air et l'eau viendront à manquer aux créatures. C'est ce que la science a déjà pu prévoir en admettant l'*unité des phénomènes géologiques dans le système planétaire du soleil.* La lune, ce morne et désolé satellite, qui roule maintenant aride dans l'espace, nous montre l'avenir réservé à notre planète. Cet astre avait autrefois une atmosphère et des océans; Sa composition minéralogique étant la même qne celle de notre globe ; mais précisément à cause de la perméabilité et de l'augmentation incessante de ses masses minérales solidifiées par le refroidissement, et en vertu de la force centripète, la totalité de son eau et de son air atmosphérique a disparu entièrement par voie d'absorption. Or comme le volume de la lune n'est que le cinquantième de celui de la terre, ces phénomènes s'y sont passés beaucoup plus rapidement que ceux qui suivent leurs cours sur cette dernière. Ce n'est donc qu'une question de temps, et comme l'a écrit mon regretté confrère L. Sæmann, la quantité totale de l'eau sur la terre comparée au volume de cette dernière est tellement faible que les procédés ordinaires de l'analyse chimique ne trahiraient pas sa présence une fois qu'elle aurait été absorbée par le globe. (Voy. L. Sæmann, note sur l'unité des phénomènes géologiques, dans le système planétaire du soleil, bulletin soc. géol. de France, 2e série, t. 18, page 322 et suiv.)

parole, mais cherchez et voyez ! Notre Mâconnais est du reste une terre privilégiée sous ce rapport, et je ne saurais être mieux placé pour parler de la sorte que sur ce théâtre du passé où nous nous heurtons à chaque pas contre un indice révélateur. Ici comme ailleurs, cependant, l'histoire est muette au sujet des hommes des anciens jours; mais, si ces peuples n'ont point eu d'historiens pour nous raconter leurs annales dans le temps, ils ont laissé d'humbles mais indestructibles traces de leur passage, et grâce à celles-ci, il est possible de raconter ce que furent ces générations primitives ensevelies si longtemps au fond de leurs siècles oubliés.

Les premiers et les plus anciens vestiges de la présence de l'homme que je trouve dans ce pays, sont concentrés dans une misérable grotte celle du Vergisson (1). Ce sont des instruments en silex on ne peut plus grossiers, des restes de foyers, des débris de repas consistant en ossements d'éléphants, tigres, hyènes, loups, renards, ours, aurochs chevaux ou rennes ; des cailloux propres à casser les os à moëlle ; un os (le rocher) de la tête d'un grand bœuf percé d'un trou de suspension pour servir d'ornement, quelques autres fragments grossièrement tailladés et des phalanges de rennes trouées près de l'articulation métatarsienne pour servir de sifflets. Sur un autre point de notre territoire, à Charbonnières, un grand atelier de fabrication d'instruments de pierre nous offre tous les types des armes et des outils retrouvés soit dans les sablières de la Somme, soit dans la Grotte du Moustier, en Périgord. C'est là, la première période de la pierre simplement taillée ou l'âge du Mammouth et du grand Ours des cavernes (2).

Les temps s'écoulent.... le tigre et le grand ours disparaissent peu à peu ; l'éléphant persiste et le renne rare autrefois prend alors un développement extraordinaire. Des progrès relatifs déjà notables, semblent s'être accomplis parmi les industries humaines. Une grande tribu occupe la position la plus forte de tout le pays, la roche de Solutré et ses abords, et ses nombreuses et belles armes ainsi que la quantité des débris fournis par les animaux dont elle

(1) Voy. de Ferry, de l'ancienneté de l'Homme dans le Mâconnais, 1867.

(2) Il est bien entendu que je considère les différentes époques pré-historiques non comme Isochrones, ou radicalement séparées entre elles, mais comme des périodes se succédant progressivement et dont l'apparition ou l'extinction a pu avoir lieu d'une manière inégale dans le temps, à la manière des étages géologiques par exemple.

s'est nourrie, prouvent son importance. Les restes de repas consistent presque exclusivement en ossements de renne. Cependant le cheval s'y rencontre aussi en certaine abondance et l'on y trouve également l'éléphant et le renard. On brise toujours les os à moëlle, mais le goût des ornements et des arts se révèle d'une façon positive par un beau morceau de cristal de roche, matière étrangère au pays et trouvé au milieu des débris de cuisine, ainsi que par une petite figurine en pierre, (1) rencontrée dans les mêmes conditions.

Nous assistons ici à la seconde et dernière période de la pierre non polie, période appelée vulgairement l'âge du renne.

Le renne lui-même émigre enfin à son tour. Les grandes prairies des bords de la Saône qui à l'époque des éléphants formaient en partie de vastes et impraticables marais (2) émergent progressivement et nourrissent des troupes d'aurochs, de chevaux, de cerfs et de sangliers. L'homme continue à n'employer encore exclusivement que la pierre, mais le style de ses instruments de chasse ou de guerre a notablement changé, et une arme nouvelle la hache polie a remplacé les casse-tête en silex taillés à grands éclats des temps primitifs. De grossières poteries ornementées d'une manière barbare et faites à la main indiquent des progrès encore croissants, et les molettes destinées, suivant toutes probabitités, à broyer du grain, font entrevoir des rudiments d'agriculture, ce que du reste, vient confirmer la présence du blé et de diverses graines alimentaires dans d'autres contrées.

A cette époque aussi les sommets de nos montagnes se couvrent

---

(1) Ce curieux morceau auquel malheureusement manque la tête, représente un animal à pieds fourchus du genre cerf ou chèvre couché dans l'attitude du repos, les quatre jambes repliées sous lui et la queue rabattue sur le dos précisément dans la position d'une bête qui rumine. J'en donnerai prochainement la description. C'est, je crois, la première sculpture en pierre constatée à l'époque du renne. Je l'ai trouvé le samedi 23 novembre 1867 dans un des foyers de Solutré, en présence de MM. Adrien Arcelin, de Mâcon, et L. Landa, membre de la Société d'Archéologie de Chalon-sur-Saône.

(2) Le limon jaune qui constitue les grandes prairies des bords de la Saône est d'origine fluviatile comme le prouvent les différents genres de coquilles qu'il contient. Dès sa base, il renferme des débris appartenant à l'âge de la pierre polie et seulement des restes d'animaux de cette époque. Les marnes bleues sous-jacentes, au contraire, ne contiennent que des coquilles paludéennes.

de retranchements (1), et des cabanes circulaires en pierres brutes (2) nous montrent que les creux des rochers ou les huttes faites de peaux ou de branchages n'étaient plus les seuls abris que recherchaient les populations devenues déjà moins errantes.

Cette ère nouvelle est celle de la pierre polie.

Le bronze apparait ensuite et l'histoire commence.

Messieurs, je viens de vous exposer brièvement ce que je retrouvais dans notre sol au-dessous de toutes les couches historiques. Plus bas que ces débris primitifs que je viens de vous signaler, il n'y a plus rien de l'homme, et je me heurte bientôt ou contre les grands mammifères qui règnent seuls, ou devant les traces des phénomènes qui ont mis un terme à l'époque tertiaire, signalant le commencement de l'époque qui se continue encore maintenant, sous le nom d'époque quaternaire.

En est il de même ailleurs, et puis-je m'autoriser de la similitude des résultats pour en conclure que l'âge de la pierre ancienne a été dans les destinées du genre humain, l'évolution primitive de sa prise de possession du globe ?

Je laisserai naturellement de côté tous les faits encore controversés, et je n'aborderai que ceux sur lesquels ils n'existe plus de doute sérieux possible. Il est donc inutile de vous entretenir des prétentions qui assignent à l'apparition de l'homme une époque encore bien plus reculée que celle dont je vous parlais tout à l'heure, car que ces prétentions soient vraies ou fausses, elles n'apportent aucune conclusion nouvelle à mon sujet, et n'ont que le privilége de faire reculer indéfiniment l'ère de la barbarie primitive.

Je me contenterai donc de passer en revue les trois âges vulgairement appelés âge du grand ours des cavernes, âge du renne et âge de la pierre polie.

Le premier de ces âges se retrouve en Angleterre, en Belgique,

---

(1) Pour ma part, j'ai découvert ceux de Monsard, Berzé-la-Ville et du Bois des pierres près de Pierreclos. La montagne de Solutré a été également fortifiée dans ces temps reculés, mais ses enceintes primitives ont été transformées à l'époque Gallo-Romaine ou tout-à-fait remaniées pendant le moyen-âge.

(2) Celle du camp de Monsard à cinq mètres de diamètre. Une aire en terre grasse très-solide et fortement battue en formait le plancher. Au-dessous et au-dessus de ce plancher existaient une petite couche cendreuse avec silex et os brisés ainsi que des fragments de poteries ayant le faciès caractéristique de la période néolithique.

dans le Nord comme dans le Midi de la France, en Espagne, en Sicile et jusque sous les alluvions anciennes du Tibre, précisément aux endroits où le fleuve romain coule sous les sept collines que devait plus tard couronner la ville éternelle.

La Syrie et le Brésil fournissent aussi des traces de l'homme primitif.

L'âge du Renne a été bien constaté en Belgique; mais c'est surtout dans notre ancienne province d'Aquitaine qu'il présente son plus beau développement.

L'âge de la pierre polie s'est rencontré en Danemarck, en Irlande, en France, en Allemagne, en Suisse, en Carinthie, en Italie et de nombreux indices le signalent dans notre Afrique française. On peut dire que cette dernière époque est reconnue sur l'ancien continent tout entier et jusque dans l'Inde qui, elle aussi, a fourni ses hachettes polies (1).

L'Amérique, de son côté, a eu les mêmes périodes, et d'après ce que l'on en sait déjà, il faut s'attendre à de grandes similitudes avec ce qui s'est passé dans l'ancien monde (2).

Quand on étudie ces différentes périodes, soit dans le Mâconnais, soit dans les contrées où elles se trouvent le mieux caractérisées, on est étonné de leur identité. Les hachettes de Hoxne, en Angleterre, de Spiennes, en Belgique, de Saint-Acheul, en France, du Tibre à Rome, etc., les têtes de lance du Moustier, sont absolument, sauf la couleur et les dimensions variables du silex, celles de Charbonnières. On les dirait confectionnées dans les mêmes ateliers. Les belles têtes de lances et de flèches de Solutré reproduisent angle pour angle, taille pour taille, les spécimens de Laugerie en Périgord, et tous les types des bords de la Saône sont exactement ceux du Danemarck et des cités lacustres de la Suisse. Mais les ressemblances pour chacun de ces âges ne se bornent pas là. Elles se poursuivent, au contraire, pour tout ce qui a rapport au mode de vivre et au milieu dans lequel

---

(1) « Une petite hache en jade dont j'ai déjà parlé dans mon premier volume a été trouvé près de Calcutta. Une autre absolument semblable vient des environs de Rome, une troisième pareille sort d'une tourbière de la Somme. » (Boucher de Perthes, antiquités celtiques et ante-diluviennes, t. 2, p. 115.)

(2) « On trouve partout, en remuant la terre, des haches en jade, depuis l'Ohio jusqu'aux montagnes du Chili. » (Al. de Humboldt, voy. aux Cordilières, t. 2, pp. 146 et 147.) Les Andes ont également fourni à M. Alc. d'Orbigny des haches de pierre d'une grande ancienneté.

Voir, au reste, sur les temps anciens du Nouveau Monde, les curieux détails contenus dans l'ouvrape de sir John Lubbock : « l'*Homme avant l'histoire.* »

on vivait, et grâce à l'ensemble de tous les faits recueillis jusqu'à ce jour, il est possible de reconstituer à grands traits la physionomie du temps et des populations d'alors. Quelques aperçus suffiront.

La présence simultanée au Nord et au Midi, de l'éléphant velu et du renne, indique un abaissement dans la température et des conditions climatologiques différentes de celles de nos jours. Aussi l'homme du Moustier comme celui de Vergisson, choisissait-il de préférence les grottes ou les abris tournés au midi. Mais ces abris eux-mêmes devaient lui être à peu près journellement disputés par de terribles concurrents. Il fallait probablement débusquer le grand ours de ses tanières et se garder certainement presque à chaque pas, des bonds du grand tigre rembuché dans la broussaille au pied des rochers chauffés par le soleil. Comment attaquer de vive force ces formidables animaux ou leur échapper quand ils prenaient eux-mêmes les devants? J'ai eu sous les yeux en m'identifiant avec tout ce passé, les modèles de deux têtes, l'une de grand ours et l'autre de tigre, trouvées récemment non loin d'ici, à Santenay, en Bourgogne (1). La tête de l'ours mesure cinquante-quatre centimètres de long à partir des incisives supérieures jusqu'à la fin de la crête occipitale ce qui fait supposer un animal énorme, et les crocs de la mâchoire supérieure du tigre ont sept centimètres de long sur trois centimètres et demi de diamètre à partir de leur sortie de l'alvéole, ce qui est la mesure de ceux des grands lions adultes d'aujourd'hui. Que pouvaient contre de tels adversaires des haches de pierre ou des massues de bois alors que de nos jours la carabine des tueurs de lions est quelquefois impuissante? Aussi la ruse devait-elle suppléer à la force, et le feu servir soit à déloger les bêtes féroces que l'on redoutait, soit à se préserver de leurs attaques (2). L'homme qui vit ex-

(1) Par M. le docteur Ed. Loydreau, maire de Chagny, l'un des ardents pionniers des sciences pré-historiques. M. Loydreau possède dans son cabinet une magnifique collection d'armes de l'époque de la pierre polie recueilli par lui dans son voisinage et notamment au camp de Chassey. Avec ce qui a été trouvé dans le Mâconnais pour les deux périodes antérieures de l'ours des Cavernes et du Renne, la Bourgogne méridionale n'a rien à envier à aucune autre région.

(2) C'est ce qui ressort très-bien de la disposition des foyers de la grotte de Vergisson, car ils existaient non seulement devant l'entrée principale, mais en dedans de l'ouverture qui peut passer pour une fenêtre. De cette manière, l'intérieur de l'habitation était remplie, sans doute, de fumée, mais la tranquillité de la nuit pouvait être assurée contre les bêtes féroces.

clusivement de chasse a besoin d'immenses territoires pour subsister (1) et encore bien souvent ne sont-ils pas suffisants. Il arrivait alors ce qui arrive encore aujourd'hui en pareils cas : des émigrations forcées vers des contrées plus abondantes en gibier, mais aussi des luttes implacables pour la possession des territoires de chasse et des guerres de Peaux-Rouges.

Mal vêtu, mal nourri, exposé à toutes les intempéries, le contemporain de ces sombres époques devait ressentir au plus haut degré toutes les conséquences de son misérable genre de vie, et si de précoces infirmités (2) ou des accidents journaliers tardaient à mettre en dehors du combat vital, la majorité des concurrents, le plus terrible fléau des hordes sauvages, la famine se chargeait d'éclaircir les rangs et de maintenir intacte la solitude du désert. L'anthropophalogie enfin lui venait probablement en aide (3).

---

(1) D'après les calculs de Schoolcraft (Tribus indiennes, vol. 1, p. 433), la moyenne des sauvages chassenrs des Etats-Unis, était de un habitant par 1 1/4 mille carré, ce qui revient à 4 kilomètres carrés. L'arrondissement de Mâcon ayant une superficie de 120,000 hectares environ, la population des âges de la pierre non taillée ne devait pas y dépasser 300 individus. Mais une grande tribu comme celle de Solutré, par exemple, occupait peut être tout le département ou une surface analogue. Dans ce cas elle pouvait à peine atteindre au chiffre de quinze cents âmes.

(2) « Une des familles du pays (côte occidentale de l'Amérique du Nord) s'approcha de l'endroit où nous embarquions du bois. J'ignore quel nombre elle formait lorsqu'elle arriva. Je comptai seulement le mari, la femme, un enfant et un homme *si perclus de ses membres* que je n'en ai jamais vu ou qu'on ne m'en avait jamais cité un pareil. Le mari était *presque aveugle*... etc. » (3e voy. de Cook, t. 3, p. 355, 1785.)

(3) Que signifient les phalanges d'homme que j'ai rencontré ici et là mélangées aux débris de cuisine de Solutré à une époque cependant déjà moins barbare, et ces brèches de la caverne de Chauvaux, en Belgique, où tous les os longs, c'est-à-dire à moëlle, paraissent brisés intentionnellement, etc., et ou un seul bloc de la grosseur d'un pavé ordinaire, renfermait à lui seul plusieurs mâchoires humaines? (Voy. Vogt, lec. sur l'Homme, p. 451, 1865.)

M. Spring, l'explorateur de cet antique charnier, n'a-t-il pas raison d'en conclure que ces ossements sont les restes d'un festin de cannibales ?

Manger à tout prix et s'il le faut son semblable puisque l'*on ne produit rien*, et que l'on est livré aux hasards des subsistances naturelles qni font souvent défaut, a été de tout temps une des conséquences de la vie sauvage. Les horribles coutumes dévoilées par l'inspection des conglomérats de Chauvaux subsistaient encore au dernier siècle dans tous leurs révoltants détails chez les infortunés habitants des environs de la baie d'Hudson. On lit, en effet, dans l'abrégé des voyages, qu'aux époques de disette, ces malheureux en étaient

On voudrait pouvoir en douter, mais rien ne fait supposer pendant cette période le moindre adoucissement pour l'existence. Tout au contraire, tend à prouver que la lutte contre les éléments, contre les animaux et contre ses semblables était alors à son comble.

A Solutré, comme à Laugerie, dans la Dordogne, l'âge du renne montre un progrès sur l'époque précédente. Bien que dépourvus d'animaux domestiques, même de chien (1), les gens de ce temps étaient déjà débarrassés, du moins en partie, de ce qu'il y avait eu de plus dangereux dans la concurrence animale, et se laissaient aller certainement à des loisirs déjà assez longs. Ce qui le prouve c'est leur goût des belles armes, le soin tout particulier qu'ils mettaient à les confectionner, les sculptures naïves auxquelles ils s'essayaient et les curieux dessins où ils ont reproduits avec tant de vérité quelques-uns des êtres qui les environnaient (2).

Cependant ils étaient loin d'avoir dépouillé le vieil homme, et les rebuts de cuisine qui encombraient les grottes ou les demeures ordinaires sans que leurs habitants songeassent le moins du monde à s'en débarrasser, sont là, pour attester la plus profonde insouciance à l'égard de la moindre propreté, comme aussi la rigueur d'un climat qui continuait de permettre des accumulations de pareilles quantités d'immondices sans qu'elles devinssent pour celà des foyers d'épidémies (3).

---

réduits à dévorer leurs femmes et leurs enfants dont ils ouvraient la tête pour en manger la cervelle ou dont ils cassaient les os pour en sucer la moëlle. (Voy. Laharpe, abr. de l'Histoire génér. des voyages, t. 16, p. 49, 1814.)

(1) « Les insulaires d'Oonolashka n'ont pas d'animaux domestiques, pas même de chien » dit le capitaine Cook. (3e voy. t. 3, p. 411, 1785.)

(2) Je n'oserais pas dire que ce peuple sculpteur et dessinateur était aussi collectionneur. Cependant, on retrouve un peu de tout dans ses foyers : des fragments d'oursins, d'ammonites, des pierres dures de différentes sortes, des minerais roulés de manganèse et de fer. Solutré m'a fourni un rognon d'Hématite ayant beaucoup d'analogie avec celle de Privas (Ardèche). Peut-être ces corps durs et pesants servaient-ils à broyer les os ? Quel usage pour le fer la clef de l'avenir !

(3) En parlant de la manière de vivre des tribus des côtes occidentales de l'Amérique du Nord, le capitaine Cook s'exprime ainsi : « La malpropreté et l'infection de leurs habitations égalent au moins le désordre qu'on y remarque; ils y sèchent et ils y vident leurs poissons dont les entrailles, mêlées aux os et aux fragments qui sont la suite des repas et à d'autres ordures, offrent des tas d'immondices qui, je crois, ne s'enlèvent jamais, à moins que devenus trop volumineux, ils n'empêchent de marcher. »

(Capitaine Cook, 3e voy., pp. 98 et 99, 1784.)

Avec la pierre polie, grâce à quelques animaux déjà domestiqués et à quelques essais d'agriculture, une espèce de comfortable tend à s'introduire parmi les populations, et la poterie signe d'une vie plus sédentaire, de besoins et de produits nouveaux, entre décidément dans les usages journaliers. On la confectionne dans l'intérieur du Màconnais comme sur les galeries des palafites de la Suisse ; les populations s'agglomèrent, accumulent des provisions et grâce à elles pouvant résister plus longtemps que de coutume ou voulant protéger leurs rudiments de propriétés, construisent en Belgique des retranchements comme ceux derrière lesquels elles s'abritent également dans nos contrés, à Solutré, à Monsard, à Berzé-la-Ville, etc.

Messieurs, ce n'est pas sans dessein que je me suis appesanti pendant quelques instants sur plusieurs des indices qui pouvaient éclaircir la question des conditions physiques dans lesquelles se trouvaient placés nos devanciers primitifs. Quand de grandes et superbes ruines décorent la campagne, on peut affirmer sans crainte de se tromper, que là où ont régné les beaux-arts, là, ont fleuri également les sciences, et que ce peuple qui a laissé ces merveilles était digne de mémoire. Mais quand au contraire, des poussières que soulèvent nos pas, il ne s'échappe que le peu que je vous signale, il faut en conclure à des intelligences à peine ébauchées ou plutôt enchaînées par le terre-à-terre des quotidiennes exigences matérielles, car pour s'élever jusqu'aux hautes spéculations de la pensée, il faut forcément de la sécurité et des loisirs.

Pour ce qui regarde l'homme des âges de la pierre, ces assertions ne sont point une vaine hypothèse, mais se trouvent confirmées par des faits dignes de toute votre attention. Des découvertes du plus haut intérêt pour la filiation des races humaines et leur progression intellectuelle dans le temps, viennent de se succéder à peu d'intervalles, les unes en Belgique, les autres, Messieurs, tout près de vous, à Solutré. Aussi favorisé d'une part que mon confrère, M. Dupont, de Dinant, j'ai pu exhumer de ses tombeaux l'homme de l'âge du Renne (1), mais plus heureux encore que le savant belge, j'ai retrouvé ensuite, comme je vous le dirai plus loin, les descendants de ce même homme avec les modifications que comportaient des civilisations plus avancées.

Quel était donc ce peuple encore contemporain du grand ours des

(1) J'ai parlé de ces tombes dans mon ancienneté de l'Homme dans le Mâconnais, mais sans en préciser alors toute l'importance.

cavernes et du mammouth, et grâce aux talents artistiques duquel il nous a été donné après tant de siècles (1), de voir, prise sur le vif la représentation si saisissante d'exactitude de ces grands animaux perdus?

Des deux crânes trouvés par M. Dupont, l'un, celui d'homme, présente le type mongoloïde lapon, l'autre celui de femme, le type mongoloïde Esthonien.

Des deux crânes de Solutré, le premier également d'homme est entièrement semblable au type lapon belge, tandisque le deuxième qui est celui d'une femme offre le type mongoloïde finnois (2).

Ainsi donc c'est la race mongole avec son cachet primordial qui occupe avant tout autre type humain bien constaté, nos contrées et probablement la plus grande partie de l'Europe, comme elle paraît aussi, grâce à sa prodigieuse fécondité, avoir peuplé de toute date connue les espaces asiatiques (3).

---

(1) Dans un mémoire actuellement sous presse sur les âges de la pierre polie et du bronze dans le Mâconnais, j'ai cherché à calculer approximativement l'âge relatif des différents vestiges de l'industrie humaine enfouis successivement dans les dépôts formés par les alluvions annuelles de la Saône.

J'ai pris pour base de ces calculs la couche Gallo-Romaine comme la plus facile à étudier à cause de ses nombreux et bien reconnaissables affleurements. Celle-ci git, en moyenne, sauf dans les endroits que je crois exhaussés artificiellement à environ 0m60 centimètres de profondeur au-dessous du niveau actuel de la prairie. Comme je fais remonter la destruction des établissements de cette époque à peu près à l'an 406 de notre ère, supposition que semble confirmer la présence de débris burgondes nivelés à la même profondeur, en faisant abstraction du temps nécessaire pour un tassement primitif, il resterait 1400 ans comme équivalent à 0m60 centimètres de limon.

Or, à ce compte, d'une part, les plus ancien tessons des poteries de l'âge de la pierre polie se trouvant à la profondeur de 1m80, y seraient déposés depuis 4076 ans.

De l'autre, les marnes bleues qui représentent, pour moi du moins, dans leur partie supérieure, l'époque des éléphants, etc., et à la surface desquelles j'ai recueilli un fragment de crâne humain rapporté par M. le Docteur Pruner-Bey à un individu de l'âge du Renne, ne se rencontrant qu'à 3 mètres au-dessous de la terre jaune, il y aurait 6960 ans, ou en chiffres ronds, environ sept mille ans d'écoulés depuis que ces marnes ont cessé d'être apparentes.

(2) C'est grâce aux savantes et bienveillantes communications de M. le docteur Pruner-Bey qu'il m'est permis de donner ces quelques détails et ceux qui suivront, sur les caractères typiques de nos ancêtres Mâconnais.

(3) « Je ne suis pas pour ma part, dit le docteur Garrigou, éloigné de croire que ce peuple de l'âge du renne est le même que celui de l'âge de l'ours, seulement plus perfectionné, et « intelligence plus active, plus exercée. »

(Docteur Garrigou, Bull. soc. géol. de Fr., 2e sér., t. 24, p. 574.)

S'il en est ainsi, ce qui parait bien probable, si l'homme de l'âge du grand ours

Mais où retrouvons nous maintenant sur une grande échelle les types de Solutré et de Dinant? Précisément chez les rameaux de la même race qui sont restés dans des milieux analogues, et que l'invariabilité des influences séculaires à maintenu à peu près purs, chez les Lapons et chez tous les autres peuples de même sang réfugiés à l'extrême nord des continents Européen, Asiatique et même Américain. Ceux-là, en effet, ont laissé entre eux et toutes les civilisations qui se sont succédées, la barrière des frimats et de la vie rude et besogneuse. Ils ont encore le renne, ils vivent encore comme à Solutré et le peu que nous savons d'eux, les trop rares objets que renferment nos musées ne nous laissent cependant aucun doute sur les profondes ressemblances qui unissent des temps si séparés.

Le niveau intellectuel du Lapon, de l'Esquimau, du Kalmouck, de l'habitant du Kamschatka, des sauvages populations des côtes ouest de l'Amérique du Nord entrevues par le capitaine Cook, voilà donc le bilan des tribus des premiers âges de la pierre à leur apparition sur cette terre d'Europe aujourd'hui foyer lumineux du globe!

Il n'est donc pas étonnant que la connaissance de ces races, soit restée si longtemps ensevelie dans les ombres du passé. Les civilisations seules fournissent des histoires et des historiens; la barbarie n'en a pas.

Du reste, il en devait être ainsi à un autre point de vue, puisque les premières civilisations ayant eu forcément un point de départ,

---

est un mongole comme son congénère de l'âge du renne, puis comme une partie des peuplades du temps de la pierre polie; si, d'un autre côté, la race Aryenne semble également se retrouver dans le Loess du Rhin avec les espèces éteintes, il n'y a donc aussi loin que l'on puisse remonter à la racine même des origines humaines bien constatées en Europe, que ces deux grands types, le mongole et le caucasique qui existent encore aujourd'hui dans toute leur pureté et qui enlacent la plus grande partie du globe dans leur descendance. Que deviennent alors les théories Simiennes appliquées aux premiers Européens et assises sur l'étude de quelques débris de crânes trop incomplets et trop anormaux pour pouvoir servir de base à une argumentation définitive? Dans les sciences d'observation, il faut marcher sans parti pris et bannir toute hypothèse quelque plausible qu'elle puisse paraître au premier coup d'œil. Je rejette donc jusqu'à nouvel ordre dans le champ des pures suppositions la théorie de l'homme singe appliquée à nos antiques populations des temps pré-historiques. C'est plus loin que le passé connu maintenant, ou sur d'autres points du monde que les partisans de la transformation de certaines tribus de singes antropomorphes doivent aller puiser leurs preuves, si jamais elles peuvent être solidement établies.

au-delà se trouvait la fournaise inconnue ou Dieu pétrissait l'homme pour le lancer dans la carrière.

L'armure primitive de celui-ci fut proportionnée à sa tâche : il avait à déblayer la terre inculte et rebelle, à la purger des animaux malfaisants ou inutiles. A cette mission suffisait son intelligence rudimentaire. Et puisqu'en définitive, les vestiges de ce passé ne nous laissent pas d'autres explications possibles, il faut bien en arriver à croire que nous touchons là ou peu s'en faut aux débuts même du premier apprentissage de notre future royauté.

Messieurs, si le Créateur avait voulu se contenter de laisser seulement l'homme au sommet de l'échelle animale, la pierre taillée ou polie suffisait pour cela, puisqu'avec son secours, il en était arrivé progressivement à une suprématie relative, et qu'il pouvait prétendre à toute la somme de grossier bonheur compatible avec cette situation, bonheur dont l'île de Tahïti avait offert la mesure aux navigateurs du dernier siècle. L'homme avait, en effet, multiplié et remplissait peu à peu la terre; mais ce qu'il y avait de réellement divin en lui ne pouvait pas se développer dans ces conditions et il fallait que de nouveaux agents lui vinssent en aide pour l'aider à franchir la plus difficile de ses étapes : celle du réveil de son intelligence assoupie.

C'est ici qu'apparaît le rôle providentiel des métaux combiné avec une faculté singulière qui chez les plus barbares fonctionne déjà d'une manière inconsciente comme un instinct inné, qui est notre apanage exclusif et qui nous différencie radicalement du reste des êtres. Je veux parler de notre faculté de *produire* et de changer à volonté les termes de la création.

Faculté et nécessité de produire pour arriver forcément à ses fins dernières, quels faits nouveaux dans l'ordre de choses matériel, alors que pour remplir leur loi de conservation, les animaux ne savent que détruire. La guerre! tel est le code du monde animal, la paix ! voilà la formule du développement du genre humain. Pour garder sa place au soleil, depuis l'insecte jusqu'au grand pachyderme, il faut que tout ce qui existe s'entre-tue ou dévore ; au contraire, pour que notre race s'épanouisse et arrive à son maximum de bien être et d'intelligence, elle doit à force de travail pacifique, multiplier ses moyens d'existence, centupler les produits de la terre, consolider le présent et assurer l'avenir. L'animal détruit pour vivre, l'homme produit pour exister. Armées de ce levier nouveau inconnu au reste des créatures et appuyées sur des épargnes sans cesse grandissantes, les sociétés ont enfin la force de se constituer et le temps de s'asseoir d'une manière durable. Alors l'esprit aussi déploie ses ailes longtemps captives, et d'un vol vigoureux traverses les ombres pour arriver au soleil. Ce moyen d'être nous-mêmes les propres artisans de notre grandeur est la plus belle prérogative dont nous puissions nous enorgueillir et notre véritable titre de noblesse. Dieu, en effet, en nous donnant le pouvoir de travailler soit physiquement, soit intellectuellement, ne nous a-t-il pas revêtus du signe de la victoire et délégué ainsi une partie de sa puissance créatrice?

Comme l'invention des métaux touche de près à l'histoire, je n'en parlerai que pour vous montrer combien, à partir de leur introduction, le genre humain prend un essor rapide si on le compare à l'état de stagnation où il était resté pendant toute la durée des âges de la pierre. C'est, qu'en effet, le métal augmentait d'une manière tout-à-fait imprévue notre force de production et le capital industriel social, puis par contre coup les richesses intellectuelles, et permettait aux civilisations de grandir à pas de géants, il est à peine signalé à l'aurore des sociétés que quelques milliers d'années après, brillent les beaux jours de l'ancienne Egypte et de la Grèce. Sans doute dans le cours de ces âges transformés, il y eut bien des perturbations et des semblants de retour à la barbarie initiale; mais, somme toute, le flot de la civilisation ne s'est jamais arrêté, et tout ce qui fut baigné par lui en a gardé une indélébile empreinte.

J'en trouve encore une preuve locale des plus significatives.

A l'âge de la pierre polie, trait-d'union entre les temps pré-historiques et les peuples de l'histoire ancienne, le crâne d'une partie des Européens présente encore tous les caractères du crâne mongol pur, et ceux de Solutré, que je soupçonne être de ce temps sont dans ce cas (1).

---

(1) J'ai des preuves que l'âge de la pierre polie a bien certainement existé à Solutré, et un tesson de poterie néolitique s'est rencontré dans les sépultures de l'enceinte du vieux château qui m'ont fourni deux autres crânes appartenant encore aux types mongoloïdes les plus purs. Comme le Rite funéraire observé dans les tombes en pierres brutes de l'âge du Renne et qui consistait à déposer le mort sur un lit de cendres remplis d'os brisés de chevaux ne paraît pas avoir été pratiqué dans les cercueils du sommet de la roche, j'en ai conclu que ceux-ci devaient être d'une date postérieure. Cependant l'un de ces nouveaux crânes offrant les mêmes apparences de vétusté que ceux de l'époque du Renne, et M. Arcelin ayant trouvé tout dernièrement dans les foyers dits *du creux du charnier*, un fragment de vase, preuve que la poterie existait déjà à cette époque, il pourrait bien se faire que réellement ce dernier crâne appartînt encore au temps où l'on mangeait le renne et l'éléphant.

L'ère des métaux arrive : notre vieille tribu persiste toujours, mais dès ce moment elle est énergiquement modifiée. La taille augmente et la face, bien que présentant toujours dans son architecture générale la ressemblance des aïeux, se développe avec des avantages marqués; la calotte crânienne s'élargit et le cerveau devient plus volumineux. On reconnaît de suite que l'on a affaire à des gens plus intelligents.

Les peuplades Aryennes, autres essaims du foyer Asiatique, qui, de leur côté, se sont mises en route pour l'Occident, abordent le pays, et bientôt le mélange des deux sangs, en créant les Celtibères, nous met en présence d'une partie de nos ancêtres directs, Cette amélioration des types primitifs s'est continuée jusqu'à nos jours et ne peut qu'augmenter en raison directe de l'accumulation du capital intellectuel universel. Ainsi, d'une part, agrandissement du cerveau et partant, développement de l'intelligence; de l'autre, augmentation de la pensée et en conséquence développement corrélatif de l'organe qui la contient, voilà ce qui semble être le résultat de tous les milieux sociaux de plus en plus développés.

Permettez-moi de vous en citer encore un exemple :

M. le docteur Broca a pu étudier il y a quelques années toute une série de crânes parisiens, les uns datant du moyen-âge et les autres provenant de l'époque actuelle, les uns appartenant à des personnes des classes aisées de la Société, les autres à des individus du cimetière des pauvres. Il résulte des observations du savant secrétaire de la Société Anthropologique de France, observations reproduites par M. C. Vogt (1), que la différence de capacité entre les crânes de la classe pauvre et ceux de la classe aisée est toute en faveur de cette dernière, d'où l'on doit en conclure, ajoute M. Vogt, que les individus qui, par leur position sociale, sont appelés à s'occuper d'arts et de sciences possèdent une plus grande capacité cérébrale que les simples ouvriers, et, qu'en définitive l'accroissement de la capacité cranienne est en rapport avec la civilisation.

Messieurs, c'est encore en m'adressant à notre antique passé que je veux m'efforcer de mieux glorifier le présent, et c'est en me retournant vers nos montagnes que je vous demande quelles seraient les pensées de ces pauvres sauvages de Vergisson et de Solutré, s'ils revenaient maintenant sur le théâtre de leur vie aventureuse, et

---

(1) Vogt, leçons sur l'Homme, 3e leçon, pp. III et suivantes, 1865.

quels étonnements ne leur causerait pas la vue des transformations accomplies ?

Au lieu des interminables forêts qui couvraient la contrée, ils verraient une terre débarrassée d'épines, admirablement fécondée et regorgeant du fond du vallon au sommet de la montagne, de tous les fruits de la terre; à la place des sentiers de chasse à peine indiqués au milieu de leurs inextricables halliers, ils apercevraient de toutes parts mille larges voies de communication sillonnées paisiblement par des armées de travailleurs ou leurs dociles auxillaires; au lieu du rugissements des bêtes fauves et du cri de guerre, ils entendraient le chant joyeux du vigneron ou les mugissements des troupeaux nourriciers; au lieu des solitudes brumeuses naguère à peine suffisantes pour faire subsister quelques centaines de malheureux (1), surgiraient de toutes parts à leurs regards de riants et populeux villages baignés par le soleil, et si des roulements insolites pareils à des tonnerres lointains, apportés à toutes les heures de la journée et de la nuit sur les bouffées des vents d'Est, si des nuages de fumée serpentant à l'horizon au-dessus des prairies de la Saône, venaient à étonner leurs oreilles et leurs yeux, un mot suffirait pour rassurer ces stupéfactions de l'ignorance : c'est la vapeur qui passe leur dirait-on, la vapeur et avec elle la paix et ses richesses !

Bien plus à quel degré ne pourrait pas s'élever leur admiration, si une fois accoutumés à toutes ses merveilles superficielles, on continuait à leur parler ainsi : toutes ces choses nouvelles pour vous ne sont rien encore, car vos successenrs ne se contentent pas de si peu, et la conquête de ce coin de terre ne serait pas digne d'eux, s'ils ne l'avaient fait servir à devenir meilleurs que vous n'étiez. Pénétrez sous leurs toits d'où la misère a disparu grâce au travail; considérez leurs actions et entendez leurs discours : ils ne veulent plus de la guerre qu'ils appellent un contre-sens humain ; ils commencent à maudir les choses égoïstes, car ils commencent à comprendre qu'ils sont solidaires : ils ne se concertent plus seulement pour détruire à la manière des bêtes féroces ou se dépouiller, mais ils s'apprennent à adorer la paix féconde parce qu'ils sentent qu'elle seule peut répondre à leurs légitimes aspirations, et que Dieu en les

(1) A l'âge du Renne, la population du Mâconnais devait être en moyenne de un habitant par quatre kilomètres carrés; elle est aujourd'hui de plus de quatre cents; et celle du département qui pouvait arriver à peine à 1,500 habitants se monte maintenant à six cent mille âmes.

plaçant face à face ne l'a pas fait pour les diviser, mais pour les réunir. Beaucoup d'entre eux ont déjà franchi les cercles intérieurs de l'intelligence, et quand ils s'assemblent c'est pour se nourrir des choses sereines de l'esprit, y initier leurs compagnons, dissiper les ténèbres autant qu'ils le peuvent et produire partout la lumière !

Si maintenant quittant une analyse partielle pour m'élever à des considérations plus générales, je recherche, appuyé sur l'aphorisme que je vous citais au début de mes paroles : *Quels sont les signes de l'avenir qui se dispose à paraître?* Je les vois, les mêmes grandissant de jour en jour sur toute la surface de la terre. A l'époque d'Homère, le monde civilisé des anciens était bien peu de chose. Quelques points lumineux, ici et là, la Grèce, l'Asie mineure, l'Egypte, perdus au milieu des territoires des barbares, des Ethiopiens et des Cimmériens, et tout était dit pour l'Occident. Ailleurs, à l'extrême Orient, la Chine, autre foyer ignoré, se dérobait entre les solitudes inconnues des steppes de l'Asie et de l'Océan américain. La barbarie entourait donc positivement les civilisations d'une barrière immense et continue. Aujourd'hui les rôles son changés et la civilisation éclaire les deux hémisphères. A notre tour nous cernons la barbarie et voici les indices qui surgissent de toutes parts : les peuples en voie de se réunir, les frontières près de s'abaisser ou même de disparaître, un grand apaisement dans les passions destructrices du genre humain. Par contre un grand déploiement de sa puissance de production, la guerre maudite comme une calamité, même par les vainqueurs, les nationalités affirmant leurs droits aux applaudissements du plus grand nombre, l'adoucissement des lois, symbole de celui des mœurs, l'instruction pénétrant jusqu'aux dernières couches de la Société et y déposant des milliers de germes régénérateurs ; le bon grain de l'Evangile enfin semé aux quatre coins de l'horizon et y prenant racine!

Qu'est-ce que tout cela présage, le retour à la barbarie ou l'émancipation définitive, la défaite ou le triomphe?

Messieurs, pour ma part, je crois à la victoire, à la victoire certaine et assurée, si nous tous hommes de bonne volonté de tous les pays, ramassant en un seul faisceau toutes nos forces vives, nous les jetons maintenant dans la balance au lieu de l'épée du Brenn, et si pleins d'une vaillante ardeur et d'une inattaquable confiance, nous poussons toujours en avant pour faire la trouée de la véritable humanité.

Pour notre compte particulier, doublons nos rangs si nous le pouvons afin d'élargir notre sphère d'action dans une mesure constante avec la grandeur de la tâche; appelons à notre aide tous les vulgarisateurs qui font tomber chaque jour quelques nouveaux lambeaux de l'ancienne barbarie, tous les pionniers qui déblaient le chemin pour le but que tous les précurseurs annoncent.

Rejetons des meilleures souches humaines, soyons toujours les nobles races qui marchent à l'avant-garde; ne nous laissons jamais dépasser, et tout en reconnaissant combien dans les luttes désormais pacifiques que nous prépare l'avenir, le rôle réservé aux nations nos sœurs rivales devient aussi grand et fécond, rappelons-nous pour le compléter toujours de plus en plus ce titre qu'un vieil historien mettait en tête de nos annales :

« L'œuvre de Dieu par la France. » *Gesta Dei per Francos!*

Chalon-s-Saône, imp. L. Landa.

www.ingramcontent.com/pod-product-compliance
Ingram Content Group UK Ltd.
Pitfield, Milton Keynes, MK11 3LW, UK
UKHW020410190726
13838UKWH00006B/2351